AF216140

Impressum
Verlag: BABADADA GmbH, Nedderfeld 112 , 22529 Hamburg
Geschäftsführer / Verlagsleitung: Harald Hof
Druck: Books on Demand GmbH, In de Tarpen 42, 22848 Norderstedt

Imprint
Publisher: BABADADA GmbH, Nedderfeld 112 , 22529 Hamburg, Germany
Managing Director / Publishing direction: Harald Hof
Print: Books on Demand GmbH, In de Tarpen 42, 22848 Norderstedt

škola

school

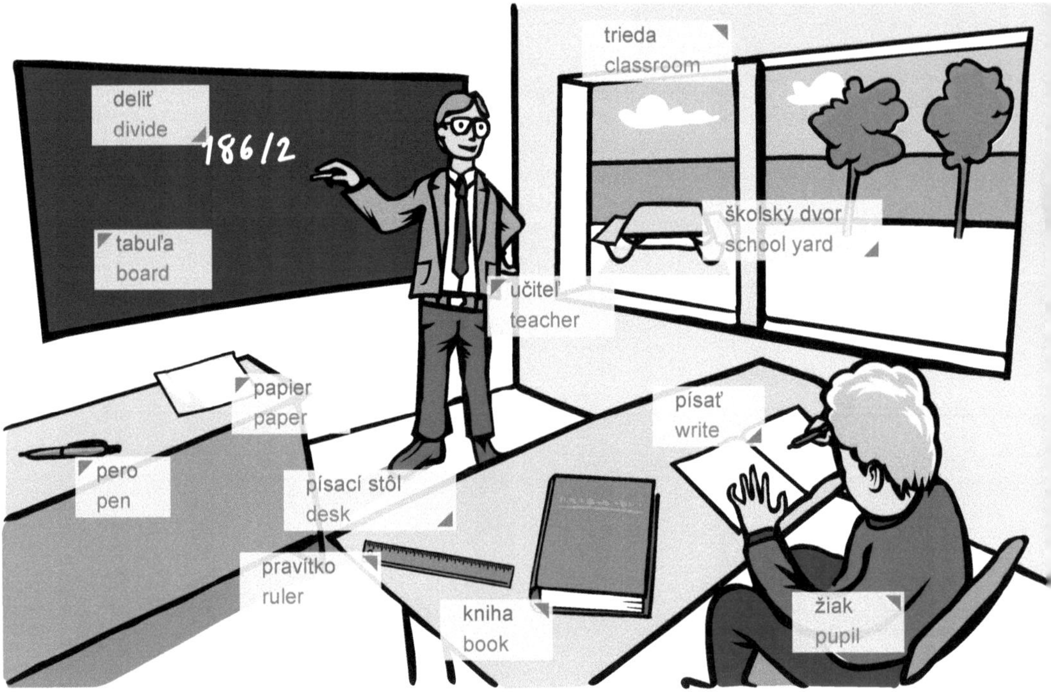
trieda
classroom
delit'
divide
186/2
tabuľa
board
školský dvor
school yard
učiteľ
teacher
papier
paper
písať
write
pero
pen
písací stôl
desk
pravítko
ruler
kniha
book
žiak
pupil

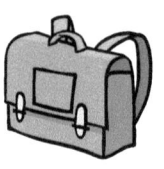

školská taška

satchel

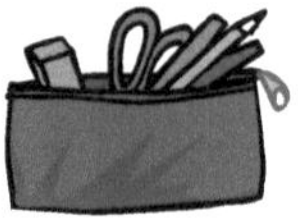

peračník

pencil case

ceruza

pencil

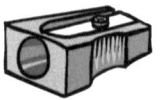

strúhadlo na ceruzky

pencil sharpener

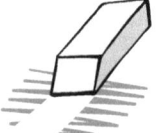

guma

rubber

skicár

drawing pad

kresba

drawing

štetec

paintbrush

vodové farby

paint box

nožnice

scissors

lepidlo

glue

cvičný zošit

exercise book

domáca úloha

homework

číslo

number

sčítať

add

odčítať

subtract

násobiť

multiply

počítať

calculate

písmeno

letter

abeceda

alphabet

slovo

word

text

text

čítať

read

krieda

chalk

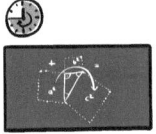

hodina

lesson

triedna kniha

register

skúška

exam

certifikát

certificate

školská uniforma

school uniform

vzdelanie

education

encyklopédia

encyclopedia

univerzita

university

mikroskop

microscope

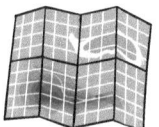

mapa

map

kôš na papier

waste-paper basket

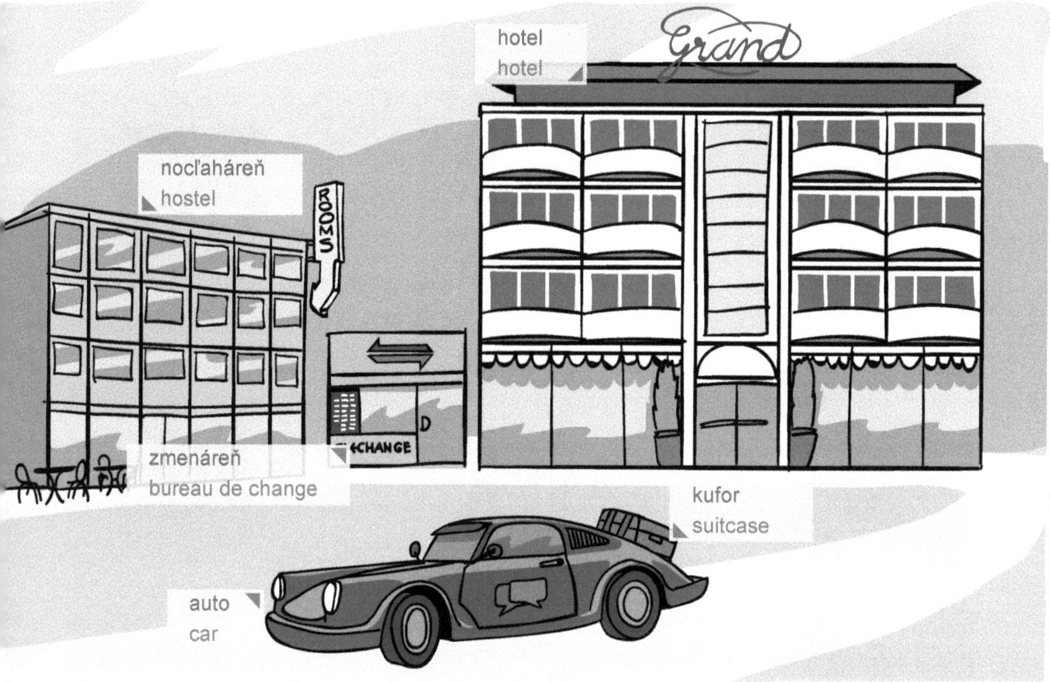

hotel
hotel
Grand
nocľaháreň
hostel
ROOMS
zmenáreň
bureau de change
kufor
suitcase
auto
car

jazyk

language

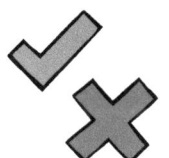

áno/nie

yes / no

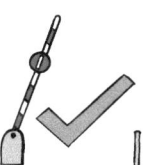

v poriadku

Okay

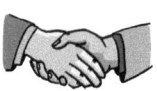

ahoj

hello

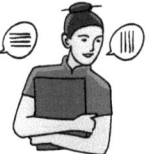

prekladateľ

translator

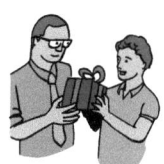

ďakujem

Thank you

Koľko stojí ... ?

how much is...?

Nerozumiem

I do not understand

problém

problem

Dobrý večer!

Good evening!

Dobré ráno!

Good morning!

Dobrú noc!

Good night!

Dovidenia

bye bye

smer

direction

batožina

luggage

taška

bag

batoh

backpack

hosť

guest

izba

room

spacák

sleeping bag

stan

tent

informácie pre turistov

tourist information

pláž

beach

kreditná karta

credit card

raňajky

breakfast

obed

lunch

večera

dinner

cestovný lístok

ticket

výťah

lift

poštová známka

stamp

hranica

border

clo

customs

veľvyslanectvo

embassy

vízum

visa

cestovný pas

passport

doprava
transport

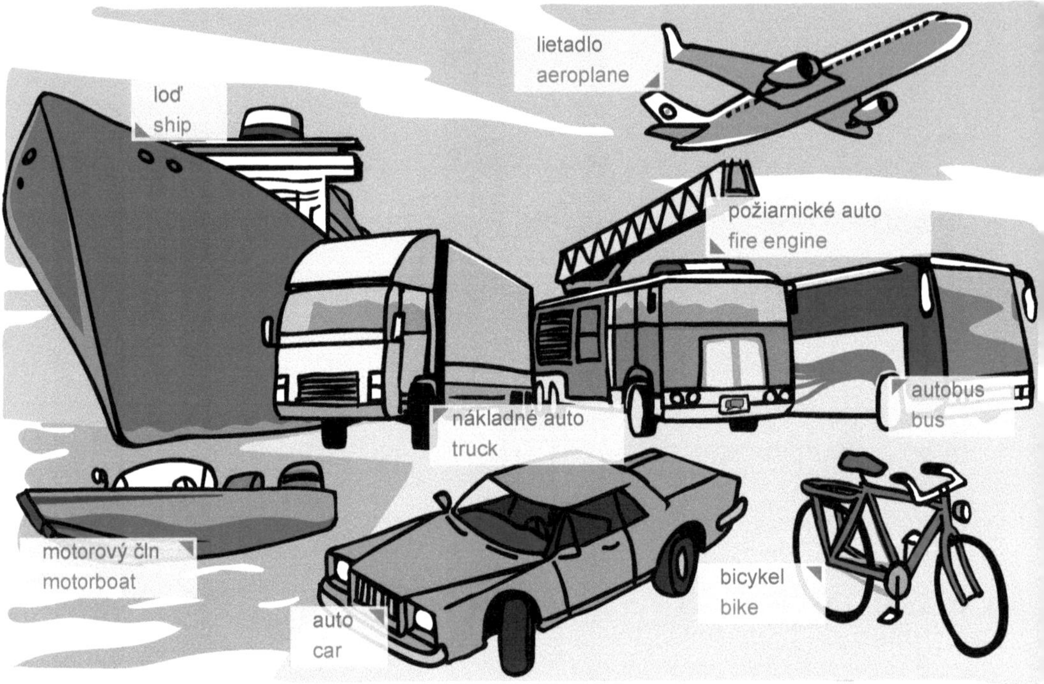
lietadlo
aeroplane
loď
ship
požiarnické auto
fire engine
autobus
bus
nákladné auto
truck
motorový čln
motorboat
bicykel
bike
auto
car

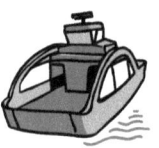

trajekt

ferry

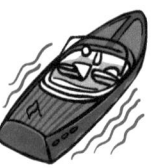

loď

boat

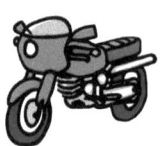

motorka

motorbike

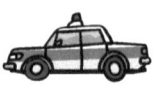

policajné auto

police car

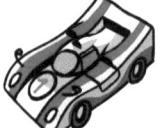

pretekárske auto

racing car

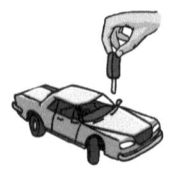

vozidlo z požičovne

rental car

carsharing

car sharing

odťahové auto

breakdown truck

smetiarske auto

refuse truck

motor

motor

benzín

fuel

čerpacia stanica

petrol station

dopravná značka

traffic sign

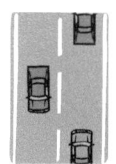

premávka

traffic

zápcha

traffic jam

parkovisko

car park

vlaková stanica

train station

trate

tracks

vlak

train

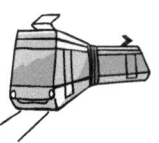

električka

tram

vagón

carriage

helikoptéra
helicopter

letisko
airport

veža
tower

pasažier
passenger

kontajner
container

kartón
carton

vozík
cart

kôš
basket

štartovať / pristáť
take off / land

mesto

city

dedina
village

centrum mesta
city centre

dom
house

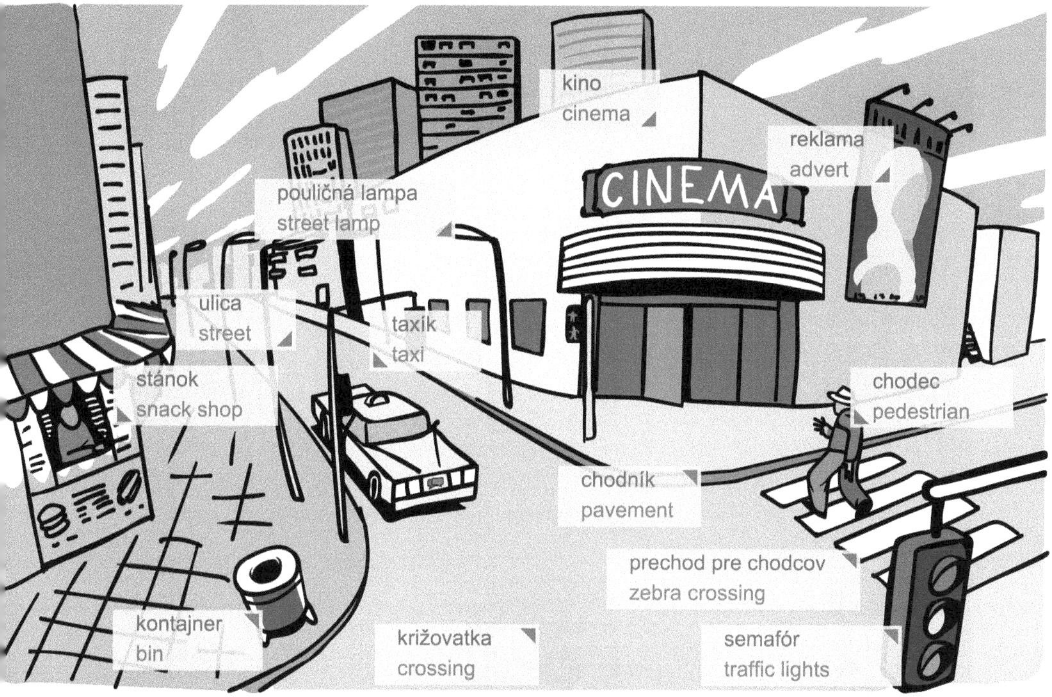

kino
cinema

reklama
advert

pouličná lampa
street lamp

CINEMA

ulica
street

taxík
taxi

stánok
snack shop

chodec
pedestrian

chodník
pavement

prechod pre chodcov
zebra crossing

kontajner
bin

križovatka
crossing

semafór
traffic lights

chata

hut

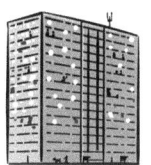

byt

flat

vlaková stanica

train station

radnica

town hall

múzeum

museum

škola

school

univerzita

university

banka

bank

nemocnica

hospital

hotel

hotel

lekáreň

pharmacy

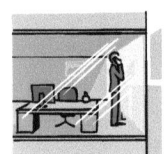

kancelária

office

kníhkupectvo

book shop

obchod

shop

kvetinárstvo

florist's

supermarket

supermarket

trh

market

obchodný dom

department store

obchodník s rybami

fishmonger's

nákupné stredisko

shopping centre

prístav

harbour

park

park

lavička

bench

most

bridge

schody

stairs

metro

underground

tunel

tunnel

autobusová zastávka

bus stop

bar

bar

reštaurácia

restaurant

poštová schránka

postbox

tabuľa s názvom ulice

street sign

parkovacie hodiny

parking meter

ZOO

zoo

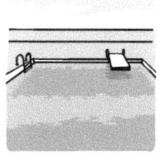

plaváreň

swimming pool

mešita

mosque

farma
farm

znečisťovanie životného prostredia
pollution

cintorín
graveyard

kostol
church

ihrisko
playground

chrám
temple

terén
landscape

list
leaf

smerová tabuľa
signpost

cesta
way

lúka
meadow

kameň
stone

turista
hiker

strom
tree

rieka
river

tráva
grass

kvet
flower

dolina

valley

kopec

hill

jazero

lake

les

forest

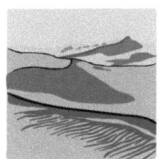

púšť

desert

vulkán

volcano

zámok

castle

dúha

rainbow

hríb

mushroom

palma

palm tree

komár

mosquito

mucha

fly

mravec

ant

včela

bee

pavúk

spider

chrobák

beetle

žaba

frog

veverička

squirrel

jež

hedgehog

zajac

hare

sova

owl

vták

bird

labuť

swan

diviak

boar

jeleň

deer

los

moose

hrádza

dam

veterná turbína

wind turbine

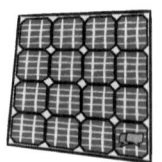

solárny panel

solar panel

podnebie

climate

reštaurácia
restaurant

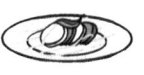

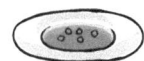

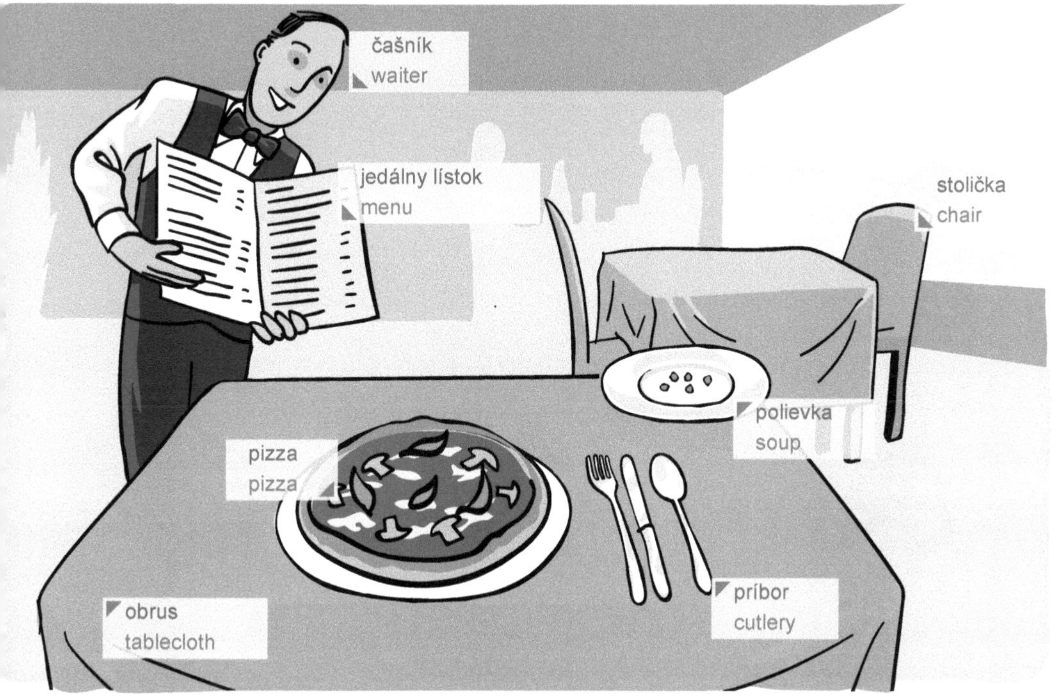

čašník
waiter
jedálny lístok
menu
stolička
chair
polievka
soup
pizza
pizza
príbor
cutlery
obrus
tablecloth

predjedlo

starter

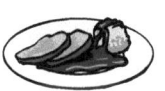

hlavné jedlo

main course

zákusok

dessert

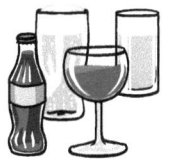

nápoje

drinks

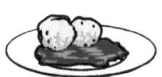

jedlo

food

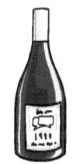

fľaša

bottle

fast-food
....
fast food

street food
....
street food

kanvica na čaj
....
teapot

cukornička
....
sugar bowl

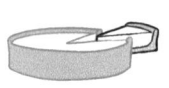

porcia
....
portion

stroj na espresso
....
espresso machine

detská stolička
....
high chair

účet
....
bill

podnos
....
tray

nôž
....
knife

vidlička
....
fork

lyžica
....
spoon

čajová lyžička
....
teaspoon

obrúsok
....
serviette

pohár
....
glass

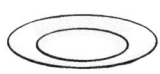

tanier

plate

hlboký tanier

soup plate

podšálka

saucer

omáčka

sauce

soľnička

salt pot

mlynček na korenie

pepper mill

ocot

vinegar

olej

oil

korenie

spices

kečup

ketchup

horčica

mustard

majonéza

mayonnaise

supermarket

supermarket

špeciálna ponuka
special offer
FOR
klient
customer
mliečne výrobky
dairy
ovocie
fruit
nákupný vozík
trolley

BUTCHERS

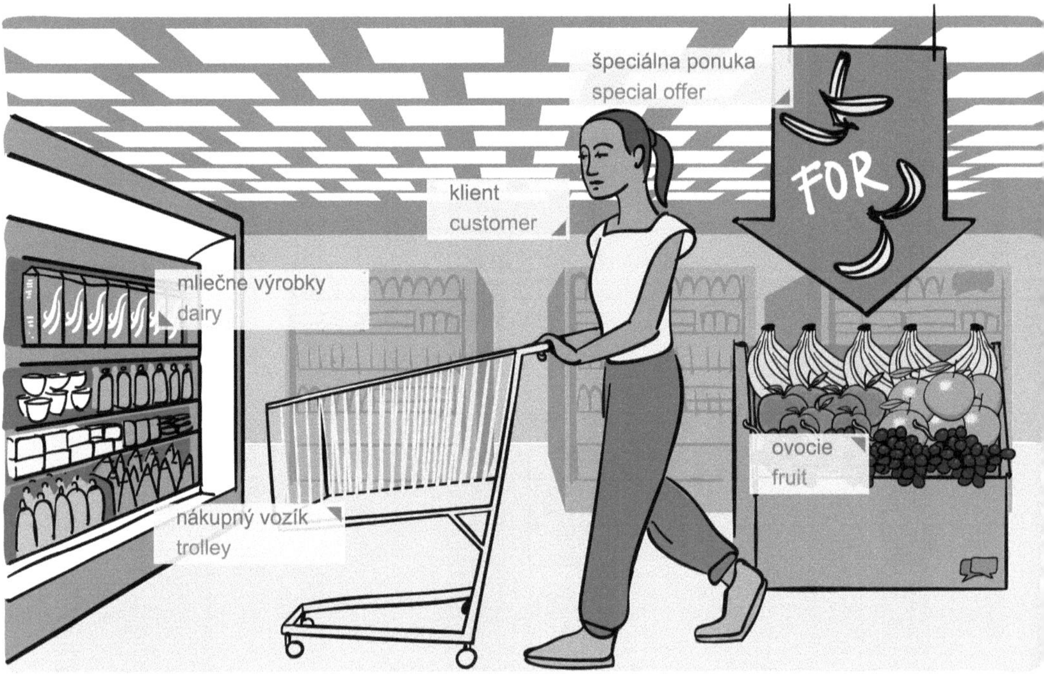

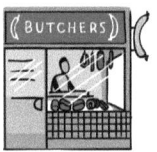

mäsiarstvo

butcher´s

BAKERY

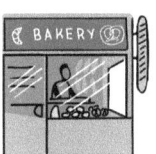

pekáreň

baker´s

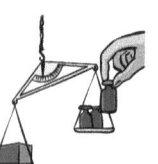

vážiť

weigh

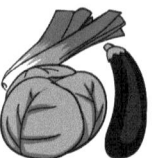

zelenina

vegetables

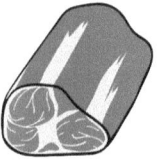

mäso

meat

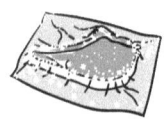

mrazené potraviny

frozen food

nárez

cold meat

konzervy

tinned food

prací prostriedok

washing powder

sladkosti

sweets

domáce potreby

household products

čistiace prostriedky

cleaning products

predavačka

salesperson

pokladňa

till

pokladník

cashier

nákupný zoznam

shopping list

otváracie hodiny

opening hours

peňaženka

wallet

kreditná karta

credit card

taška

bag

plastové vrecko

plastic bag

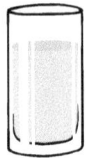

voda

water

džús

juice

mlieko

milk

kola

coke

víno

wine

pivo

beer

alkohol

alcohol

kakao

cocoa

čaj

tea

káva

coffee

espresso

espresso

kapučíno

cappuccino

banán

banana

jablko

apple

pomaranč

orange

melón

melon

citrón

lemon

mrkva

carrot

cesnak

garlic

bambus

bamboo

cibuľa

onion

hríb

mushroom

orechy

nuts

rezance

noodles

špagety

spaghetti

ryža

rice

šalát

salad

hranolky

chips

pečené zemiaky

fried potatoes

pizza

pizza

hamburger

hamburger

obložený chlebík

sandwich

rezeň

cutlet

šunka

ham

saláma

salami

klobása

sausage

kurča

chicken

pečené mäso

roast

ryba

fish

ovsené vločky

porridge oats

müsli

muesli

kukuričné lupienky

cornflakes

múka

flour

croissant

croissant

pečivo

bread roll

chlieb

bread

hrianka

toast

sušienky

biscuits

maslo

butter

tvaroh

curd

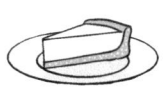

koláč

cake

vajce

egg

volské oko

fried egg

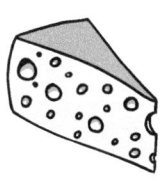

syr

cheese

zmrzlina

ice cream

cukor

sugar

med

honey

lekvár

jam

nugátová nátierka

chocolate spread

karí korenie

curry

farma
farm

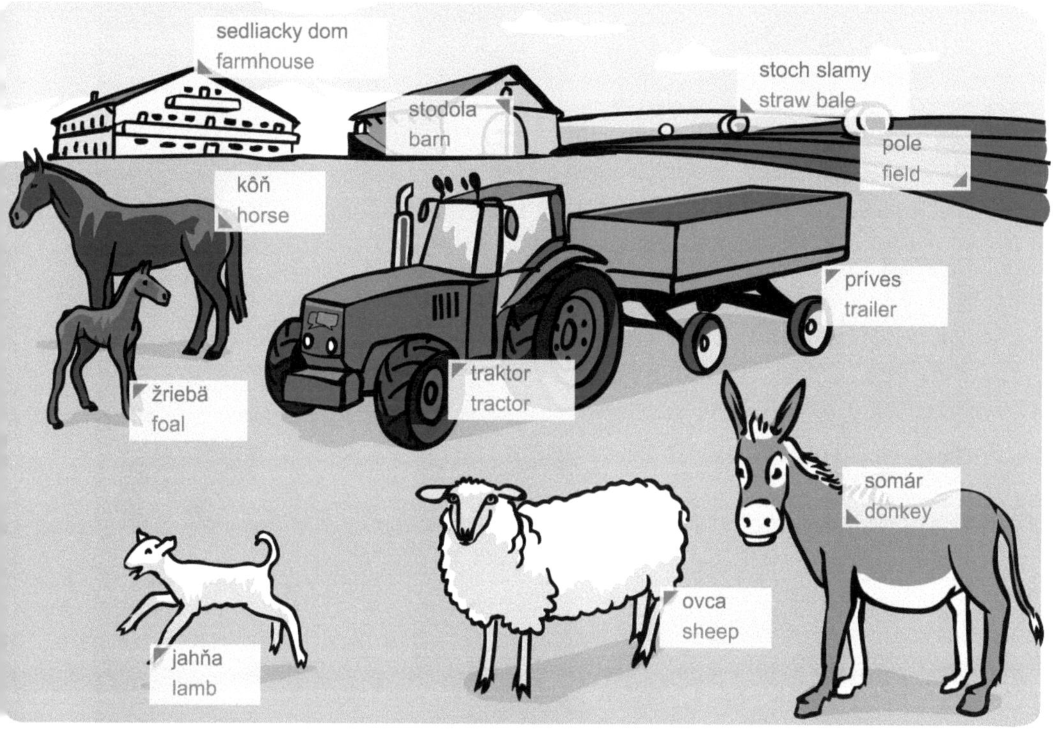
sedliacky dom
farmhouse
stodola
barn
stoch slamy
straw bale
pole
field
kôň
horse
príves
trailer
žriebä
foal
traktor
tractor
somár
donkey
ovca
sheep
jahňa
lamb

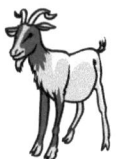

koza

goat

krava

cow

teľa

calf

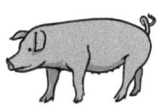

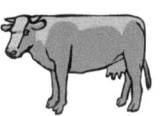

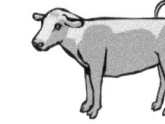

prasa

pig

prasiatko

piglet

býk

bull

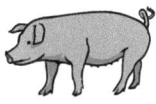

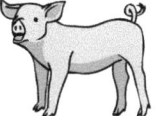

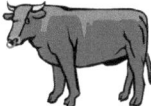

hus

goose

kačica

duck

kuriatko

chick

sliepka

hen

kohút

cock

potkan

rat

mačka

cat

myš

mouse

vôl

ox

pes

dog

psia búda

doghouse

záhradná hadica

garden hose

krhla

watering can

kosa

scythe

pluh

plough

kosák

sickle

motyka

hoe

vidly na hnoj

pitchfork

sekera

axe

fúrik

wheelbarrow

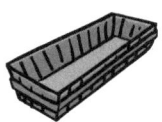

koryto

trough

kanva na mlieko

milk can

vrece

sack

plot

fence

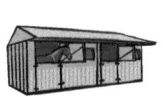

maštaľ

stable

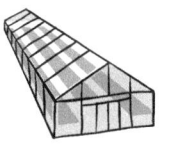

skleník

greenhouse

pôda

soil

osivo

seed

hnojivo

fertilizer

kombajn

combine harvester

žať

harvest

žatva

harvest

batát

yams

pšenica

wheat

sója

soy

zemiak

potato

kukurica

corn

repka

rapeseed

ovocný strom

fruit tree

maniok

cassava

obilie

cereals

dom
house

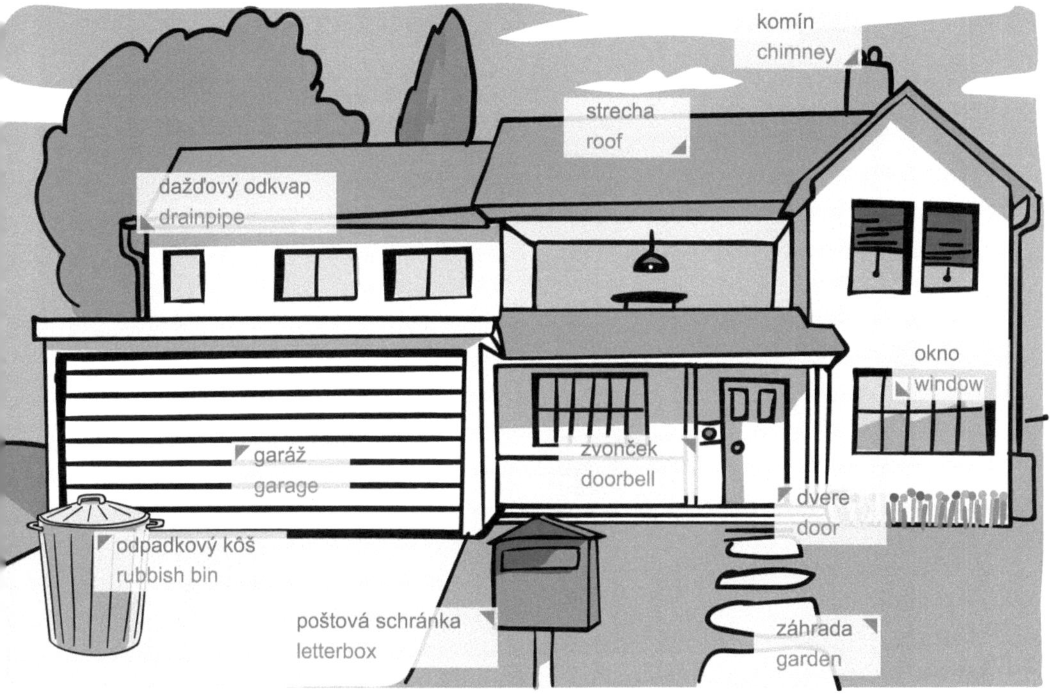
komín
chimney
strecha
roof
dažďový odkvap
drainpipe
okno
window
garáž
garage
zvonček
doorbell
dvere
door
odpadkový kôš
rubbish bin
poštová schránka
letterbox
záhrada
garden

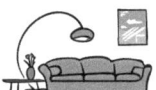

obývačka

living room

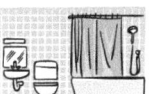

kúpeľňa

bathroom

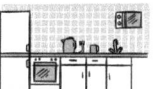

kuchyňa

kitchen

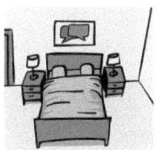

spálňa

bedroom

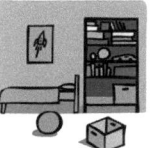

detská izba

child's room

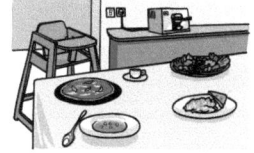

jedáleň

dining room

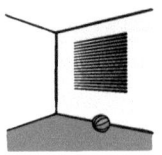

podlaha

floor

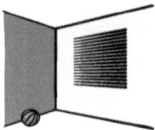

stena

wall

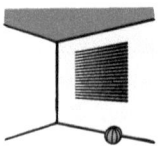

strop

ceiling

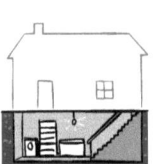

pivnica

cellar

sauna

sauna

balkón

balcony

terasa

terrace

bazén

pool

kosačka

lawn mower

obliečka

sheet

posteľná prikrývka

bedspread

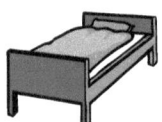

posteľ

bed

metla

broom

vedro

bucket

vypínač

switch

obývačka

living room

tapeta
wallpaper
obraz
picture
lampa
lamp
regál
shelf
skriňa
cupboard
televízor
television
kozub
fireplace
kvet
flower
vankúš
cushion
pohovka
sofa
váza
vase
diaľkové ovládanie
remote control

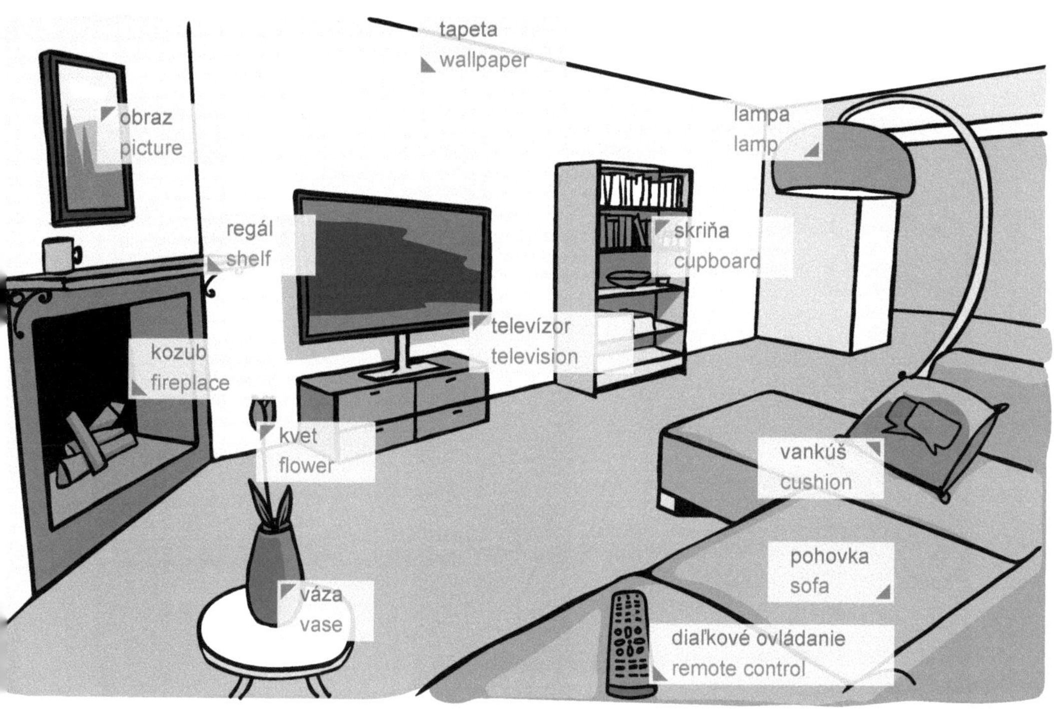

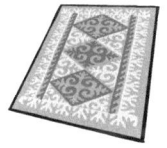

koberec

carpet

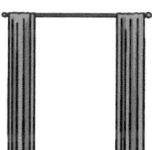

záclona

curtain

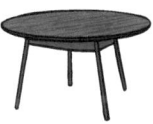

stôl

table

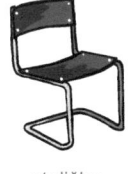

stolička

chair

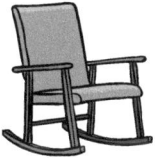

hojdacie kreslo

rocking chair

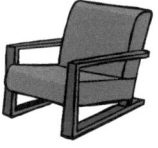

kreslo

armchair

kniha

book

prikrývka

blanket

dekorácia

decoration

drevo na kúrenie

firewood

film

film

hi-fi veža

hi-fi equipment

kľúč

key

noviny

newspaper

maľba

painting

plagát

poster

rádio

radio

zápisník

notepad

vysávač

hoover

kaktus

cactus

sviečka

candle

kuchyňa
kitchen

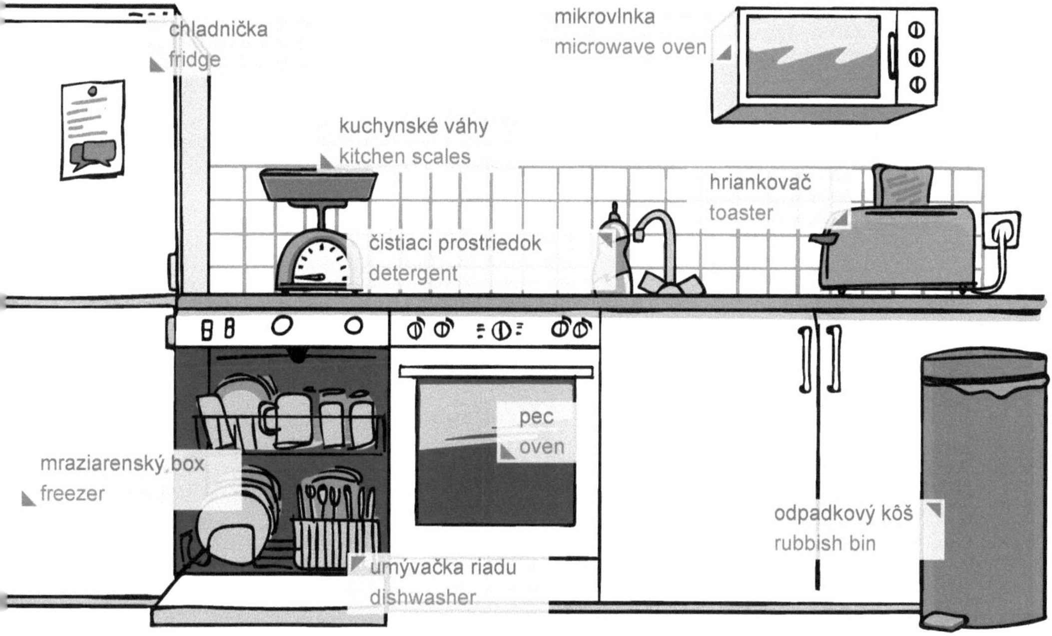
chladnička
fridge
mikrovlnka
microwave oven
kuchynské váhy
kitchen scales
hriankovač
toaster
čistiaci prostriedok
detergent
pec
oven
mraziarenský box
freezer
odpadkový kôš
rubbish bin
umývačka riadu
dishwasher

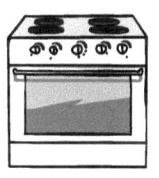

sporák

cooker

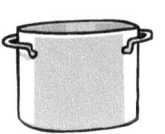

hrniec

pot

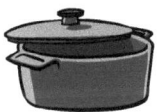

železný hrniec

cast-iron pot

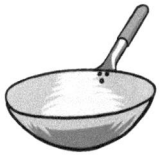

wok / kadai

wok / kadai

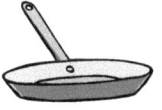

panvica

pan

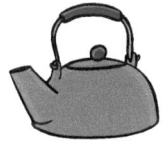

rýchlovarná kanvica

kettle

parný hrniec

steamer

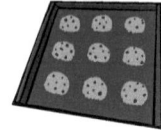

plech na pečenie

baking tray

riad

crockery

pohár

mug

misa

bowl

paličky

chopsticks

naberačka na polievku

ladle

stierka

spatula

metlička

whisk

cedidlo

strainer

sitko

sieve

strúhadlo

grater

mažiar

mortar

gril

barbecue

ohnisko

open fire

doska na krájanie

chopping board

valček na cesto

rolling pin

vývrtka

corkscrew

konzerva

can

otvárač na konzervy

can opener

chňapka

pot holder

výlevka

sink

kefa

brush

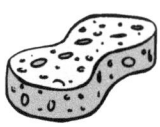

hubka

sponge

mixér

blender

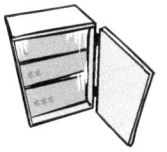

mraznička

deep freezer

kojenecká fľaša

baby bottle

vodovodný kohútik

tap

kúpeľňa
bathroom

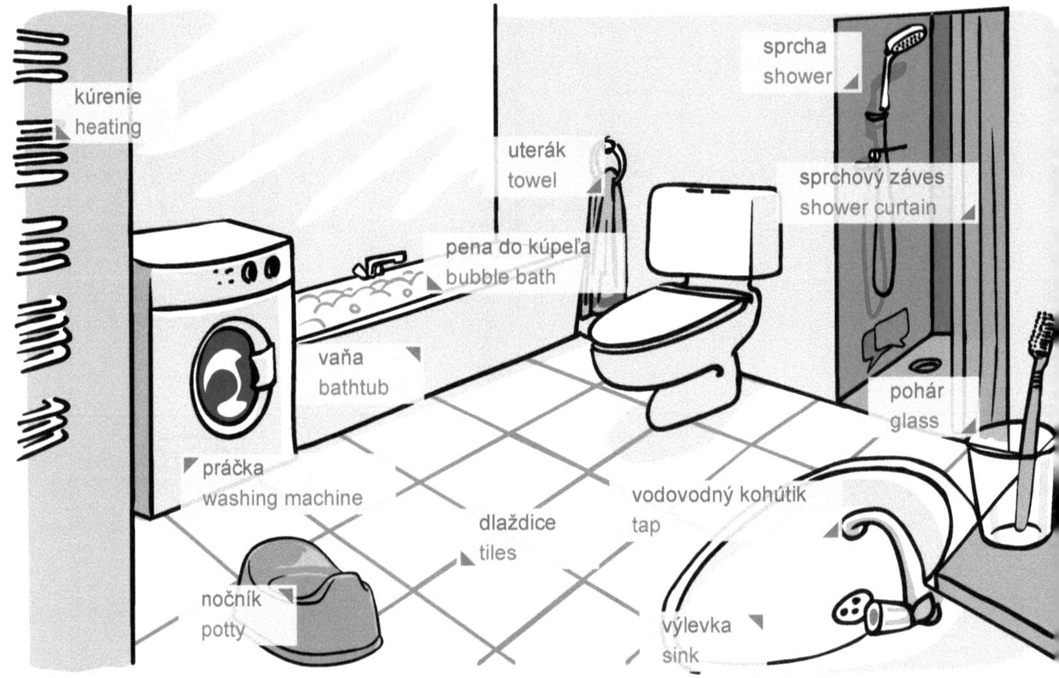
kúrenie
heating
uterák
towel
sprcha
shower
sprchový záves
shower curtain
pena do kúpeľa
bubble bath
vaňa
bathtub
pohár
glass
práčka
washing machine
vodovodný kohútik
tap
dlaždice
tiles
nočník
potty
výlevka
sink

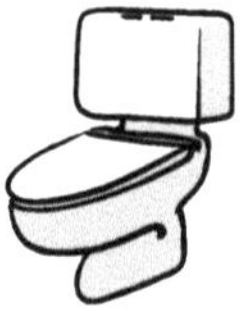

záchod

toilet

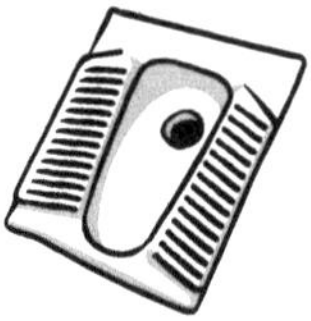

suchý záchod

squat toilet

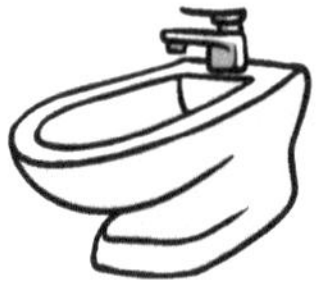

bidet

bidet

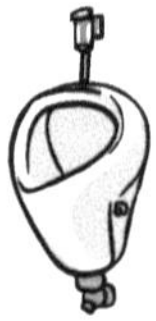

pisoár

urinal

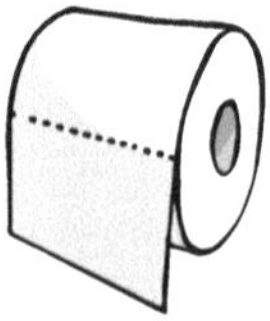

toaletný papier

toilet paper

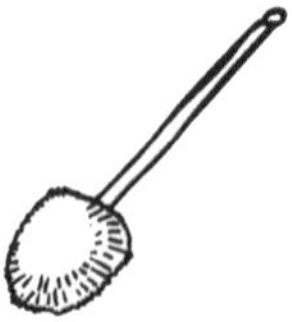

záchodová kefa

toilet brush

zubná kefka

toothbrush

zubná pasta

toothpaste

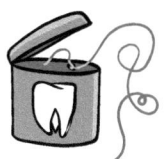

dentálna niť

dental floss

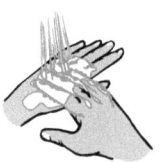

umývať

wash

ručná sprcha

handheld shower

sprcha pre intímnu hygienu

douche

umývadlo

basin

kefa na chrbát

back brush

mydlo

soap

sprchový gél

shower gel

šampón

shampoo

frotírová rukavica

flannel

odtok

drain

krém

cream

dezodorant

deodorant

zrkadlo

mirror

kozmetické zrkadlo

hand mirror

žiletka

razor

pena na holenie

shaving foam

voda po holení

aftershave

hrebeň

comb

kefa

brush

sušič vlasov

hair dryer

sprej na vlasy

hairspray

make-up

makeup

rúž

lipstick

lak na nechty

nail varnish

vata

cotton wool

nožnice na nechty

nail scissors

parfum

perfume

kúpeľňa - bathroom

kozmetická taška

washbag

stolček

stool

váha

weighing scale

kúpací plášť

bathrobe

gumové rukavice

rubber gloves

tampón

tampon

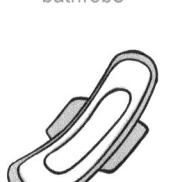

menštruačná vložka

sanitary towel

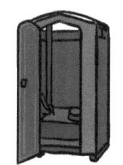

chemické WC

chemical toilet

detská izba
child's room

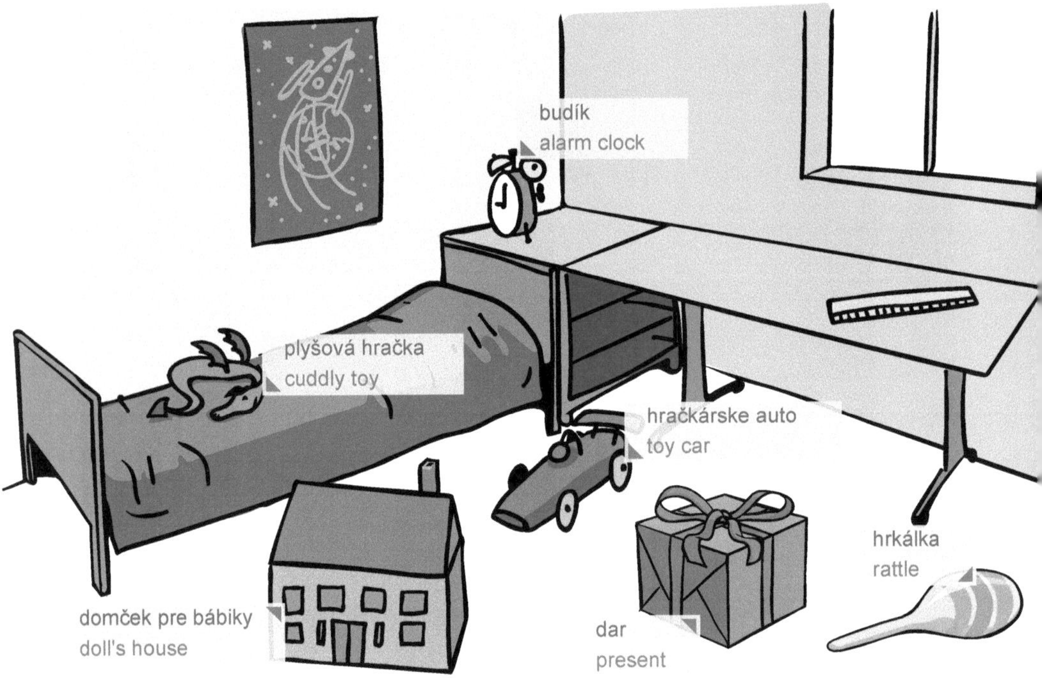

budík
alarm clock
plyšová hračka
cuddly toy
hračkárske auto
toy car
hrkálka
rattle
domček pre bábiky
doll's house
dar
present

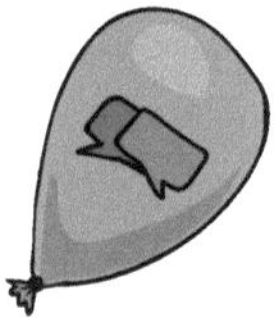

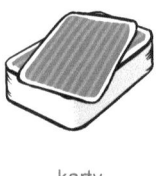

balón

balloon

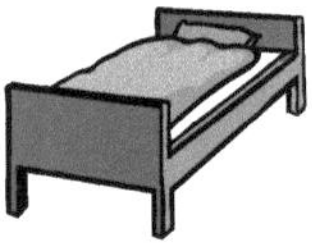

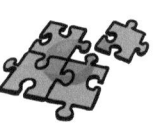

posteľ

bed

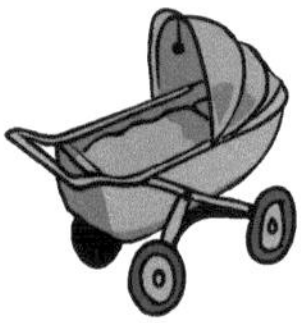

detský kočík

pram

karty

deck of cards

puzzle

jigsaw

komix

comic

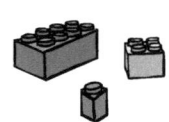

skladačka lego

lego bricks

stavebnica

building blocks

akčná postavička

action figure

dupačky

babygrow

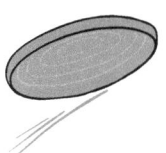

lietajúci tanier

frisbee

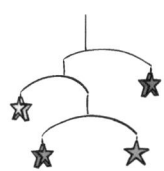

závesné hračky

mobile

stolová hra

board game

kocka

dice

modelový vláčik

model train set

cumlík

dummy

párty

party

obrázková kniha

picture book

lopta

ball

bábika

doll

hrať sa

play

pieskovisko

sandpit

hojdačka

swing

hračky

toys

hracia konzola

video game console

trojkolka

tricycle

medvedík

teddy bear

šatník

wardrobe

šatstvo
clothing

ponožky

socks

pančuchy

stockings

pančuchové nohavičky

tights

šál
scarf

dáždnik
umbrella

opasok
belt

tričko
t-shirt

čižmy
boots

papuče
slippers

tenisky
trainers

sandále

sandals

topánky

shoes

gumáky

rubber boots

spodky

underpants

podprsenka

bra

tielko

vest

body

body

nohavice

trousers

džínsy

jeans

sukňa

skirt

blúzka

blouse

košeľa

shirt

pulóver

pullover

sveter

hoodie

blejzer

blazer

bunda

jacket

kabát

coat

pršiplášť

raincoat

kostým

costume

šaty

dress

svadobné šaty

wedding dress

oblek
suit

nočná košeľa
nightgown

pyžamo
pyjamas

sari
sari

šatka na hlavu
headscarf

turban
turban

burka
burqa

kaftan
kaftan

abaja
abaya

dvojdielne plavky
swimsuit

plavky
trunks

šortky
shorts

tepláková súprava
tracksuit

zástera
apron

rukavice
gloves

gombík

button

okuliare

glasses

náramok

bracelet

retiazka

necklace

prsteň

ring

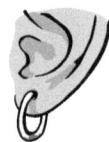

náušnica

earring

čiapka

cap

vešiak

coat hanger

klobúk

hat

kravata

tie

zips

zip

prilba

helmet

traky

braces

školská uniforma

school uniform

uniforma

uniform

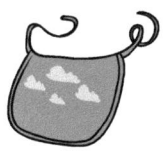

podbradník

bib

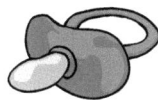

cumlík

dummy

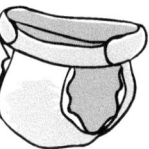

plienka

nappy

kancelária
office

server
server
skriňa na spisy
filing cabinet
tlačiareň
printer
papier
paper
monitor
monitor
písací stôl
desk
myš
mouse
zakladač
folder
klávesnica
keyboard
kôš na papier
waste-paper basket
stolička
chair
počítač
computer

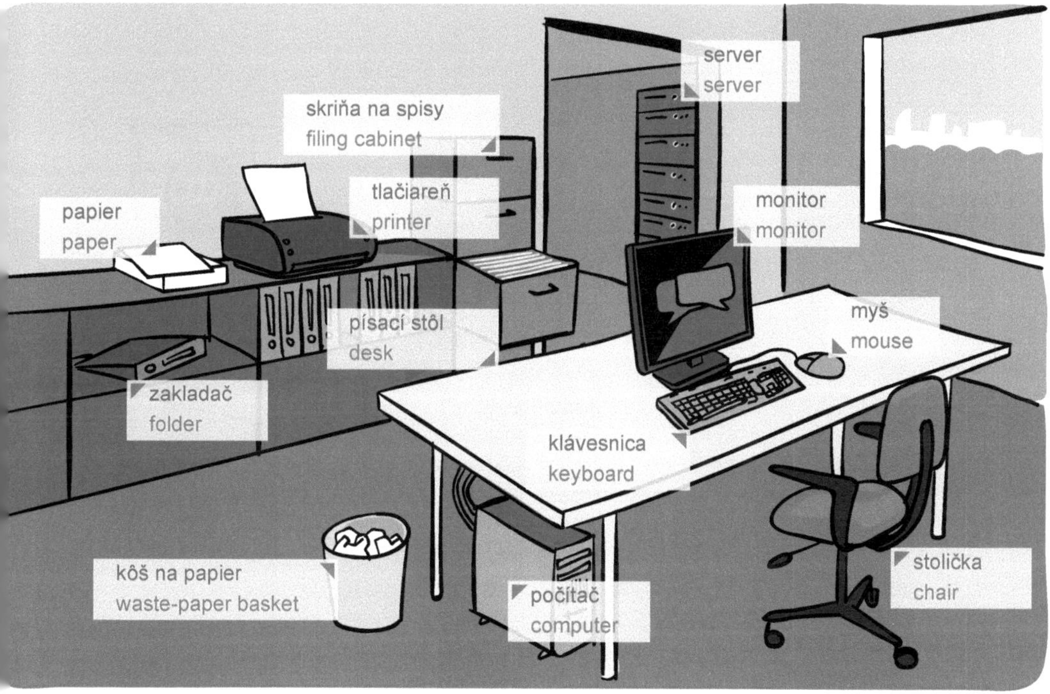

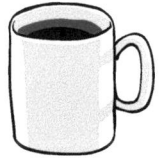

hrnček na kávu

coffee mug

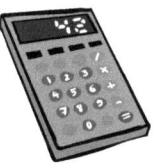

kalkulačka

calculator

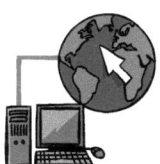

internet

internet

laptop

laptop

list

letter

správa

message

mobil

mobile

sieť

network

kopírka

photocopier

softvér

software

telefón

telephone

elektrická zásuvka

plug socket

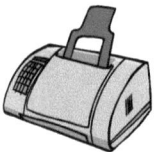

fax

fax machine

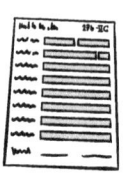

formulár

form

doklad

document

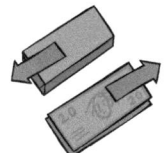

kúpiť
....
buy

platiť
....
pay

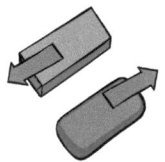

obchodovať
....
trade

peniaze
....
money

dolár
....
dollar

euro
....
euro

jen
....
yen

rubeľ
....
rouble

švajčiarsky frank
....
Swiss franc

čínsky jüan
....
renminbi yuan

rupia
....
rupee

bankomat
....
cashpoint

zmenáreň

bureau de change

zlato

gold

striebro

silver

ropa

oil

energia

energy

cena

price

zmluva

contract

daň

tax

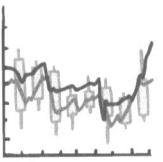

akcia

stock

pracovať

work

zamestnanec

employee

zamestnávateľ

employer

továreň

factory

obchod

shop

povolania
occupations

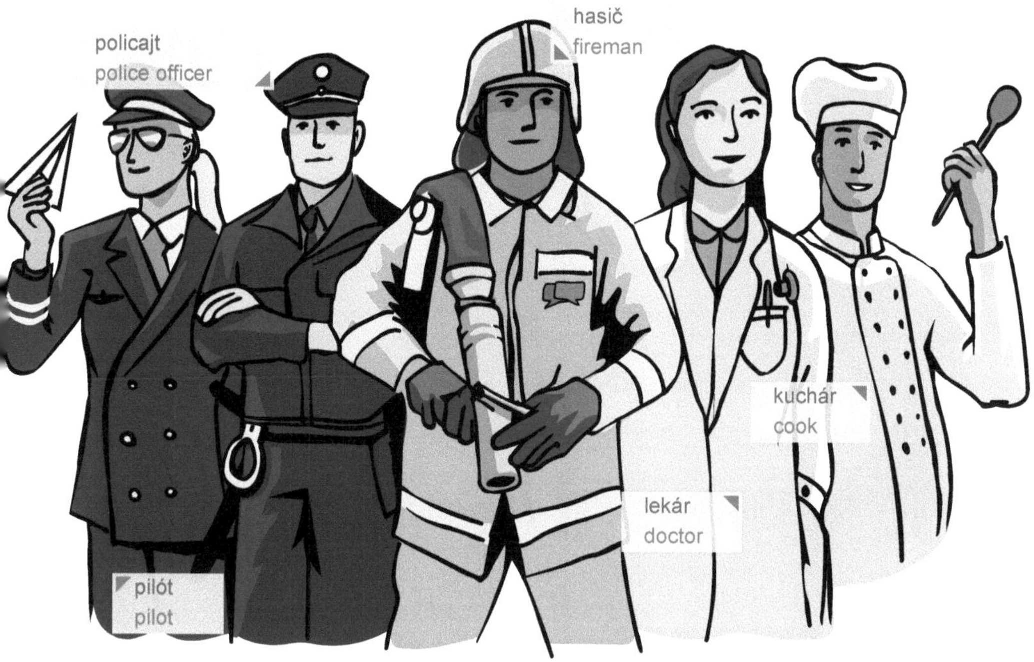
policajt
police officer
hasič
fireman
kuchár
cook
lekár
doctor
pilót
pilot

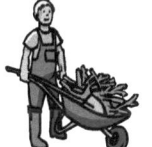

záhradník

gardener

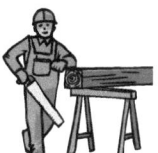

stolár

carpenter

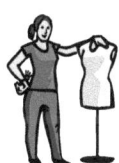

krajčírka

seamstress

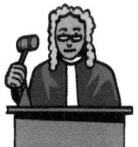

sudca

judge

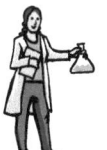

chemik

chemist

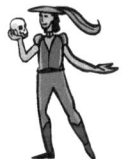

herec

actor

vodič autobusu

bus driver

taxikár

taxi driver

rybár

fisherman

upratovačka

cleaning lady

pokrývač

roofer

čašník

waiter

poľovník

hunter

maliar

painter

pekár

baker

elektrikár

electrician

stavebný robotník

builder

inžinier

engineer

mäsiar

butcher

klampiar

plumber

poštár

postman

vojak

soldier

architekt

architect

pokladník

cashier

kvetinár

florist

kaderník

hairdresser

sprievodca

conductor

mechanik

mechanic

kapitán

captain

zubár

dentist

vedec

scientist

rabín

rabbi

imám

imam

mních

monk

farár

clergyman

náradie
tools

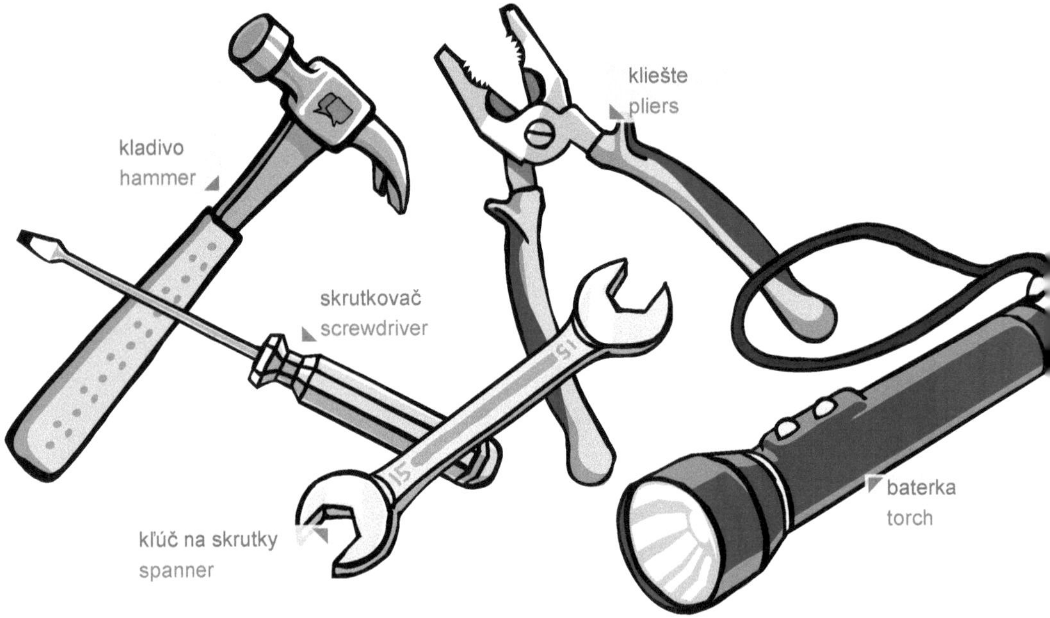
kladivo
hammer
kliešte
pliers
skrutkovač
screwdriver
kľúč na skrutky
spanner
baterka
torch

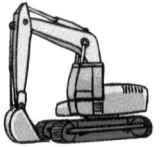

bager

digger

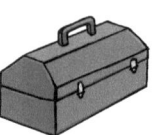

súprava náradia

toolbox

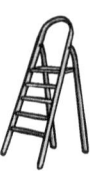

rebrík

ladder

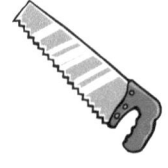

pílka

saw

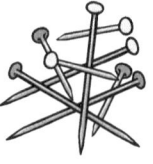

klince

nails

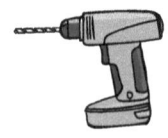

vrták

drill

opraviť

repair

lopata

shovel

Do čerta!

Damn!

lopatka na smeti

dustpan

nádoba s farbou

paint pot

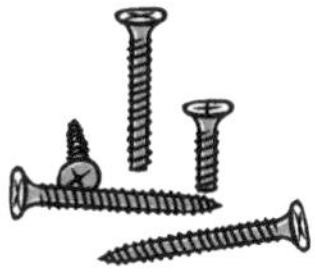

skrutky

screws

hudobné nástroje
musical instruments

reproduktor
loudspeaker

bicie
drum kit

gitara
guitar

kontrabas
double bass

trúbka
trumpet

klavír

piano

husle

violin

basa

bass

tympany

timpani

bubon

drums

klávesnica

keyboard

saxofón

saxophone

flauta

flute

mikrofón

microphone

tiger
tiger

klietka
cage

zebra
zebra

krmivo pre zver
animal feed

vstup
entrance

panda
panda

zvieratá

animals

slon

elephant

klokan

kangaroo

nosorožec

rhino

gorila

gorilla

medveď

bear

ťava

camel

pštros

ostrich

lev

lion

opica

monkey

plameniak

flamingo

papagáj

parrot

ľadový medveď

polar bear

tučniak

penguin

žralok

shark

páv

peacock

had

snake

krokodíl

crocodile

ošetrovateľ v ZOO

zookeeper

tuleň

seal

jaguár

jaguar

poník

pony

leopard

leopard

hroch

hippo

žirafa

giraffe

orol

eagle

diviak

boar

ryba

fish

korytnačka

turtle

mrož

walrus

líška

fox

gazela

gazelle

americký futbal
American football

cyklistika
cycling

tenis
tennis

basketbal
basketball

plávanie
swimming

box
boxing

hokej
ice hockey

futbal
football

bedminton
badminton

ľahká atletika
athletics

hádzaná
handball

lyžovanie
skiing

pólo
polo

skočiť
jump

smiať sa
laugh

objať
hug

chodiť
walk

spievať
sing

snívať
dream

modliť sa
pray

pobozkať
kiss

písať
write

kresliť
draw

ukázať
show

tlačiť
push

dať
give

brať
take

mať

have

robiť

do

byť

be

stáť

stand

bežať

run

ťahať

pull

hádzať

throw

padnúť

fall

ležať

lie

čakať

wait

nosiť

carry

sedieť

sit

obliecť sa

get dressed

spať

sleep

zobudiť sa

wake up

aktivity - activities

pozerať

look at

plakať

cry

hladkať

stroke

česať

comb

hovoriť

talk

rozumieť

understand

pýtať sa

ask

počuť

listen

piť

drink

jesť

eat

upratať

tidy up

milovať

love

variť

cook

jazdiť

drive

letieť

fly

aktivity - activities

plachtiť

sail

počítať

calculate

čítať

read

učiť sa

learn

pracovať

work

oženiť

marry

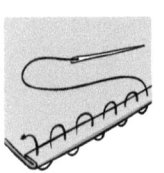

šiť

sew

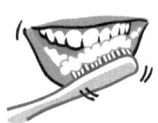

čistiť zuby

brush teeth

zabiť

kill

fajčiť

smoke

poslať

send

aktivity - activities

stará mama
grandmother

starý otec
grandfather

otec
father

mama
mother

bábo
baby

dcéra
daughter

syn
son

hosť
guest

teta
aunt

strýko
uncle

brat
brother

sestra
sister

telo

body

čelo
forehead
oko
eye
tvár
face
brada
chin
hruď
breast
prst
finger
ruka
hand
rameno
arm
plece
shoulder
noha
leg

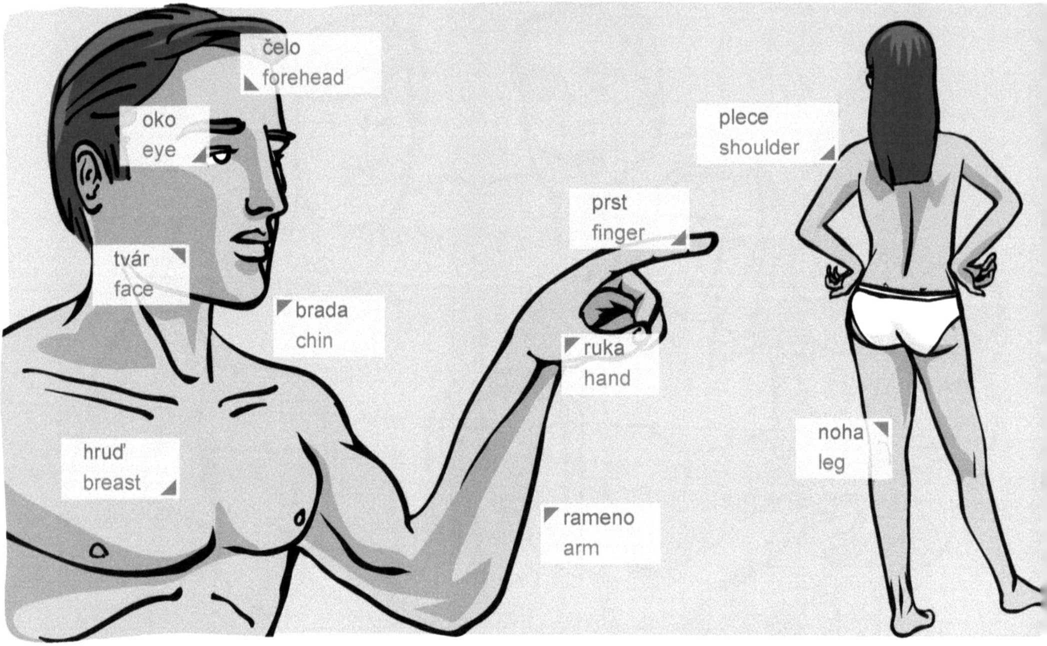

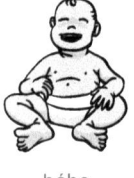

bábo

baby

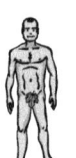

muž

man

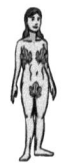

žena

woman

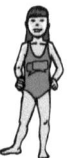

dievča

girl

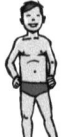

chlapec

boy

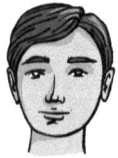

hlava

head

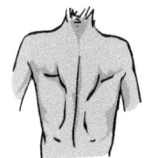

chrbát

back

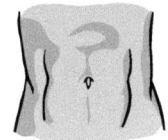

brucho

belly

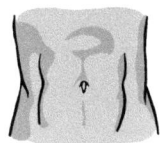

pupok

belly button

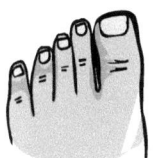

prst na nohe

toe

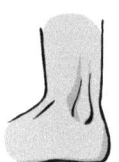

päta

heel

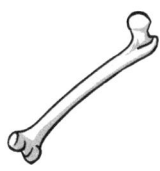

kosť

bone

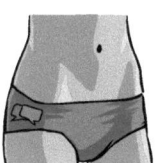

bok

hip

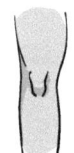

koleno

knee

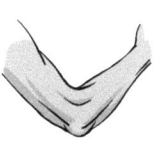

lakeť

elbow

nos

nose

zadok

bottom

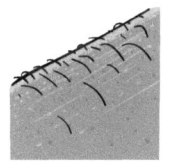

koža

skin

líce

cheek

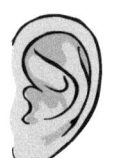

ucho

ear

pery

lip

ústa

mouth

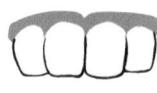

zub

tooth

jazyk

tongue

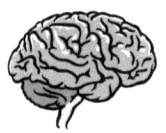

mozog

brain

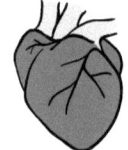

srdce

heart

svaly

muscle

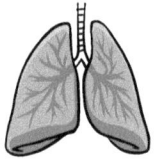

pľúca

lung

pečeň

liver

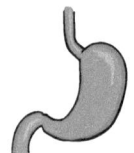

žalúdok

stomach

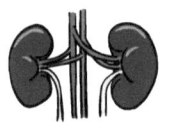

obličky

kidneys

pohlavný styk

sex

kondóm

condom

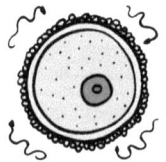

vaječná bunka

ovum

semeno

semen

tehotenstvo

pregnancy

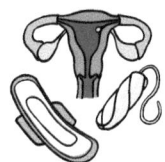

menštruácia

menstruation

vagína

vagina

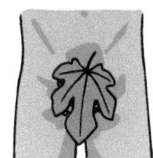

penis

penis

obočie

eyebrow

vlasy

hair

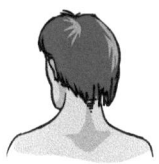

krk

neck

nemocnica
hospital

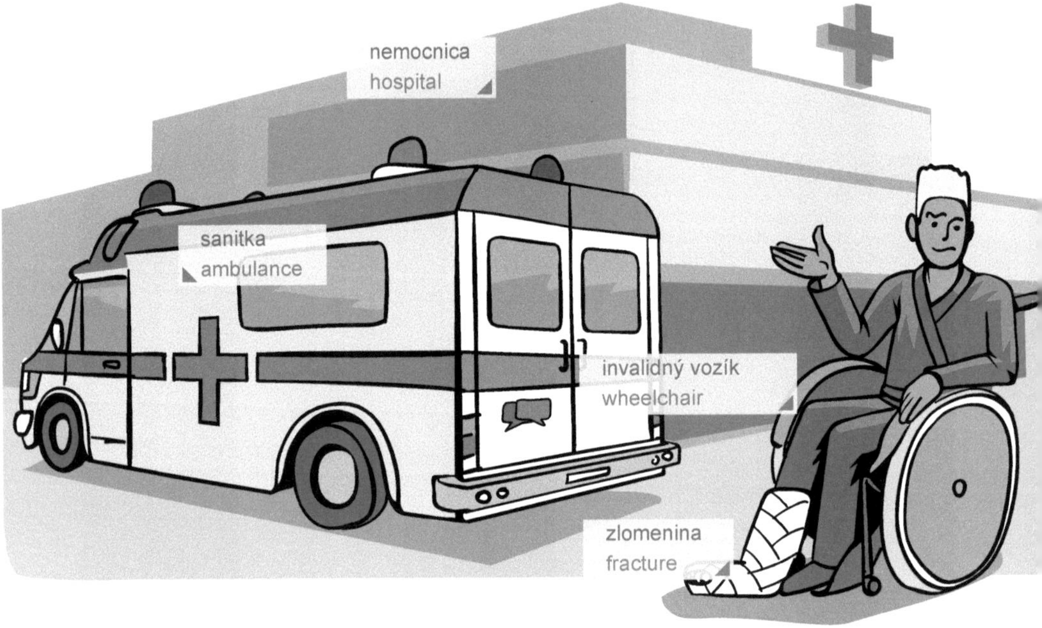

nemocnica
hospital
sanitka
ambulance
invalidný vozík
wheelchair
zlomenina
fracture

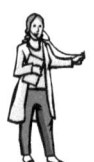

lekár

doctor

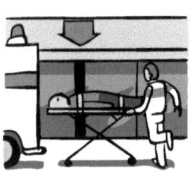

urgentný príjem

emergency room

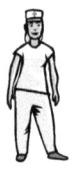

sestrička

nurse

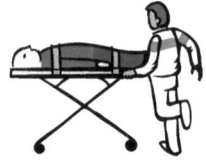

urgentný prípad

emergency

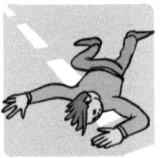

v bezvedomí

unconscious

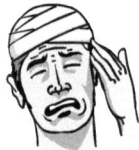

bolesť

pain

zranenie

injury

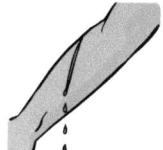

krvácanie

bleeding

srdcový infarkt

heart attack

mozgová porážka

stroke

alergia

allergy

kašeľ

cough

teplota

fever

chrípka

flu

hnačka

diarrhoea

bolesť hlavy

headache

rakovina

cancer

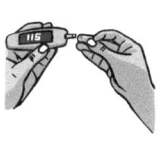

cukrovka

diabetes

chirurg

surgeon

skalpel

scalpel

operácia

operation

CT

CT

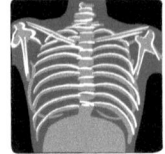

RTG

x-ray

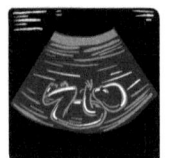

ultrazvuk

ultrasound

maska

face mask

choroba

disease

čakáreň

waiting room

barla

crutch

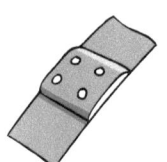

náplasť

plaster

obväz

bandage

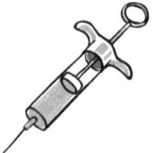

injekcia

injection

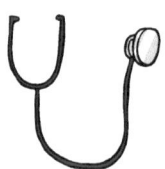

fonendoskop

stethoscope

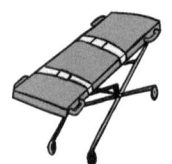

nosidlá

stretcher

teplomer

clinical thermometer

pôrod

birth

nadváha

overweight

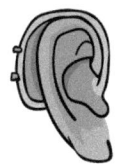

audiofón

hearing aid

dezinfekčný prostriedok

disinfectant

infekcia

infection

vírus

virus

HIV / AIDS

HIV / AIDS

medicína

medicine

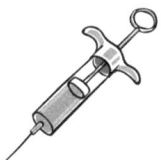

očkovanie

vaccination

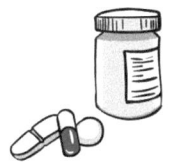

tabletky

tablets

antikoncepčná pilulka

pill

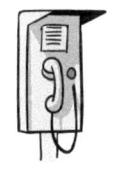

tiesňové volanie

emergency call

tlakomer

blood pressure monitor

chorý / zdravý

ill / healthy

Pomoc!

Help!

alarm

alarm

prepad

assault

útok

attack

nebezpečenstvo

danger

núdzový východ

emergency exit

Horí!

Fire!

hasičský prístroj

fire extinguisher

nehoda

accident

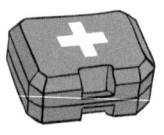

kufrík prvej pomoci

first-aid kit

SOS

SOS

polícia

police

Európa

Europe

Severná Amerika

North America

Južná Amerika

South America

Afrika

Africa

Ázia

Asia

Austrália

Australia

Atlantický oceán

Atlantic

Tichý oceán

Pacific

Indický oceán

Indian Ocean

Južný oceán

Antarctic Ocean

Severný ľadový oceán

Arctic Ocean

Severný pól

North Pole

Južný pól

South Pole

Antarktída

Antarctica

Zem

Earth

krajina

land

more

sea

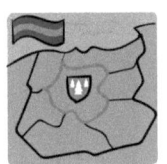

ostrov

island

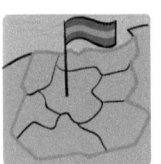

národ

nation

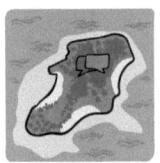

štát

state

ciferník

clock face

hodinová ručička

hour hand

minútová ručička

minute hand

sekundová ručička

second hand

Koľko je hodín?

What time is it?

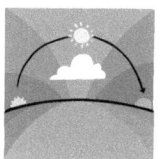

deň

day

čas

time

teraz

now

digitálne hodiny

digital watch

minúta

minute

hodina

hour

týždeň
week

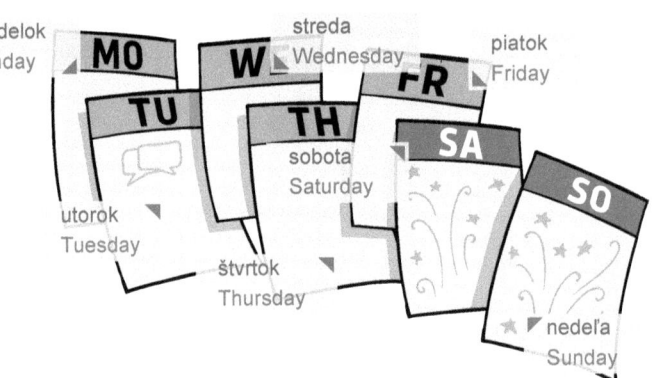

pondelok
Monday

utorok
Tuesday

streda
Wednesday

štvrtok
Thursday

sobota
Saturday

piatok
Friday

nedeľa
Sunday

včera
....
yesterday

dnes
....
today

zajtra
....
tomorrow

ráno
....
morning

poludnie
....
noon

večer
....
evening

MO	TU	WE	TH	FR	SA	SU
1	2	3	4	5	6	7
8	9	10	11	12	13	14
15	16	17	18	19	20	21
22	23	24	25	26	27	28
29	30	31	1	2	3	4

pracovné dni
....
business days

MO	TU	WE	TH	FR	SA	SU
1	2	3	4	5	6	7
8	9	10	11	12	13	14
15	16	17	18	19	20	21
22	23	24	25	26	27	28
29	30	31	1	2	3	4

víkend
....
weekend

rok
year

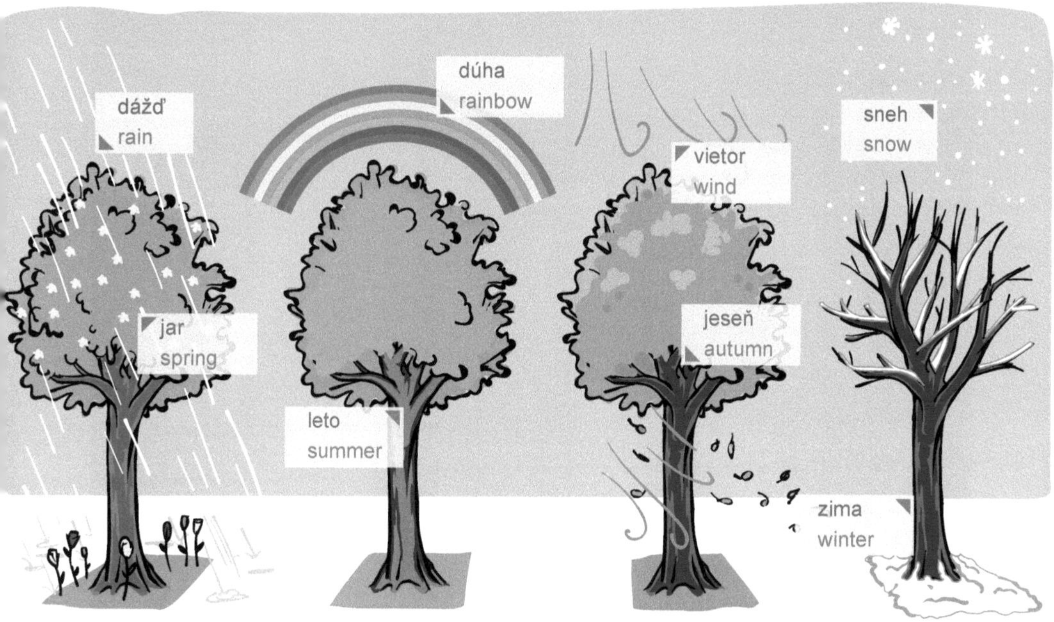
dážď
rain
dúha
rainbow
vietor
wind
sneh
snow
jar
spring
leto
summer
jeseň
autumn
zima
winter

4.APRIL 11°
5.APRIL 4°
6.APRIL 13°
7.APRIL 8°
8.APRIL 10°

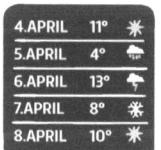

predpoveď počasia

weather forecast

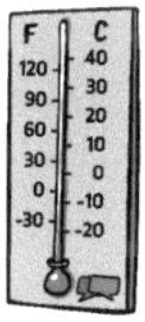
F C
120 90 60 30 0 -30
40 30 20 10 0 -10 -20

teplomer

thermometer

slnečný svit

sunshine

oblak

cloud

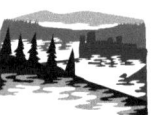

hmla

fog

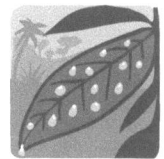

vlhkosť vzduchu

humidity

blesk

lightning

hrom

thunder

búrka

storm

krúpy

hail

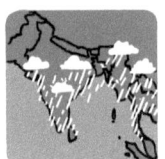

monzún

monsoon

záplava

flood

ľad

ice

január

January

február

February

marec

March

apríl

April

máj

May

jún

June

júl

July

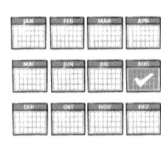

august

August

september
....
September

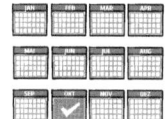

október
....
October

november
....
November

december
....
December

tvary
shapes

kruh
....
circle

štvorec
....
square

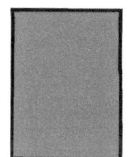

obdĺžnik
....
rectangle

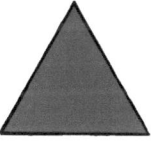

trojuholník
....
triangle

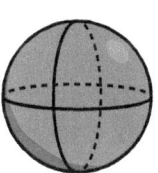

guľa
....
sphere

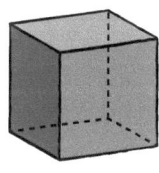

kocka
....
cube

biela

white

žltá

yellow

oranžová

orange

ružová

pink

červená

red

fialová

purple

modrá

blue

zelená

green

hnedá

brown

šedá

grey

čierna

black

veľa / málo

a lot / a little

zúrivý / pokojný

angry / calm

pekný / škaredý

beautiful / ugly

začiatok / koniec

beginning / end

veľký / malý

big / small

svetlý / tmavý

bright / dark

brat / sestra

brother / sister

čistý / špinavý

clean / dirty

úplný / neúplný

complete / incomplete

deň / noc

day / night

mŕtvy / živý

dead / alive

široký / úzky

wide / narrow

chutný / nechutný

edible / inedible

zlostný / láskavý

evil / kind

vzrušený / unudený

excited / bored

tlstý / chudý

fat / thin

prvý / posledný

first / last

priateľ / nepriateľ

friend / enemy

plný / prázdny

full / empty

tvrdý / mäkký

hard / soft

ťažký / ľahký

heavy / light

hlad / smäd

hunger / thirst

chorý / zdravý

ill / healthy

nelegálny / legálny

illegal / legal

inteligentný / hlúpy

intelligent / stupid

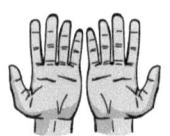

vľavo / vpravo

left / right

blízko / ďaleko

near / far

nový / použitý

new / used

nič / niečo

nothing / something

starý / mladý

old / young

zapnuté / vypnuté

on / off

otvorené / zatvorené

open / closed

tichý / hlasný

quiet / loud

bohatý / chudobný

rich / poor

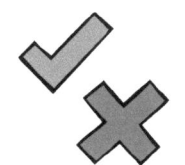

správne / nesprávne

right / wrong

drsný / hladký

rough / smooth

smutný / šťastný

sad / happy

krátky / dlhý

short / long

pomaly / rýchlo

slow / fast

mokrý / suchý

wet / dry

teplý / studený

warm / cool

vojna / mier

war / peace

protiklady - opposites

čísla

numbers

0

nula

zero

1

jeden

one

2

dva

two

3

tri

three

4

štyri

four

5

päť

five

6

šesť

six

7

sedem

seven

8

osem

eight

9

deväť

nine

10

desať

ten

11

jedenásť

eleven

12

dvanásť

twelve

13

trinásť

thirteen

14

štrnásť

fourteen

15

pätnásť

fifteen

16

šestnásť

sixteen

17

sedemnásť

seventeen

18

osemnásť

eighteen

19

devätnásť

nineteen

20

dvadsať

twenty

100

sto

hundred

1.000

tisíc

thousand

1.000.000

milión

million

angličtina

English

americká angličtina

American English

mandarínska čínština

Chinese Mandarin

hindčina

Hindi

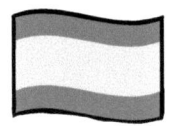

španielčina

Spanish

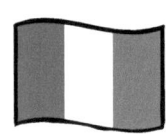

francúzština

French

arabčina

Arabic

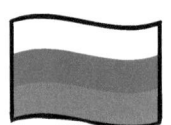

ruština

Russian

portugalčina

Portuguese

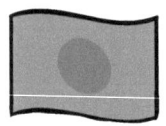

bengálčina

Bengali

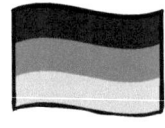

nemčina

German

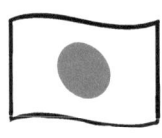

japončina

Japanese

ja

I

ty

you

on/ona/ono

he / she / it

my

we

vy

you

oni

they

kto?

who?

čo?

what?

ako?

how?

kde?

where?

kedy?

when?

meno

name

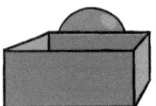

za
behind

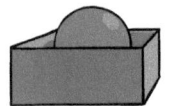

v
in

pred
in front of

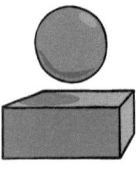

nad
over

na
on

pod
under

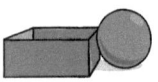

vedľa
beside

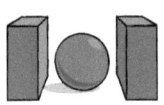

medzi
between

miesto
place